www.QuoraChinese.com

CHINESE RIVERS

FIVE MAJOR RIVERS
中国五大河流

学习简单的中国地理

QING QING JIANG

江清清

PREFACE

It's time to learn Chinese geography! China is so big!! Well, China is bigger than the USA, not just in terms of population, but in the area too! China has so many provinces, cities, rivers, mountains, lakes, and blah blah! There are so many things to learn about the Chinese geography. I am glad to bring you to Chinese Geography series. In this series, I'll introduce you to some of the most important and must-know topics from China's vast territory (中国地理的常识).

The books in Chinese Geography series contain numerous lessons in Mandarin Chinese. We start with a brief introduction of the book in the preface (前言) in Chinese and pinyin, a bit detailed introduction of the main theme (in English), and continue to dig the geography in different chapters. Each book contains 7 to 10 chapters made of simple Chinese sentences. For the readers' convenience, a comprehensive vocabulary (English, Chinese, and pinyin) has been provided at the beginning of each chapter. The pinyin for the Chinese text is provided after the main text. Further, to enforce a deeper Chinese learning, the English interpretation of the Chinese text has been deliberately excluded from the books. This would help the readers think deeply about the contents the way native Chinese do! In order to help the students of Mandarin Chinese remember important characters, words, long words, idioms, etc., these entities have been purposely repeated throughout the book, and across the books in the series. Taken together, the books in Chinese Geography series will tremendously help readers improve their Chinese, especially the reading skills.

If you have any questions, suggestions, and feedbacks, feel free to let me know in the review or comments.

You can find more about China and Chinese culture on my blog and Amazon homepage.

I blog at: www.QuoraChinese.com

-Qing Qing 江清清

©2023 Qing Qing Jiang

All rights reserved.

CHINESE GEOGRAPHY

SELF-LEARN READING

MANDARIN CHINESE, VOCABULARY,

EASY SENTENCES,

HSK ALL LEVELS

(PINYIN, SIMPLIFIED CHARACTERS)

ACKNOWLEDGMENTS

I am a blogger. It has been a long and interesting journey since I started blogging quite a few years ago.

The blogging passion enabled me to write useful contents. In particular, I have been writing about China, and its culture.

My passion in writing was supported by my friends, colleagues, and most importantly, the almighty.

I thank everyone for constantly inspiring me in my life endeavours.

CONTENTS

PREFACE 2
ACKNOWLEDGMENTS 4
CONTENTS 5
INTRODUCTION TO TEN MAJOR RIVERS IN CHINA (中国十大河流的简介) 8
FIVE MAJOR RIVERS IN CHINA (中国五大河流) 10
YANGTZE RIVER (长江) 16
YELLOW RIVER (黄河) 22
PEARL RIVER (珠江) 29
HUAI RIVER (淮河) 36
HEILONGJIANG RIVER (黑龙江) 41
CONCLUDING REMARKS (结语) 46

前言

  中国作为世界上土地面积排名第四的国家，境内的水资源也是十分丰富，可以说是世界上河流最多的国家之一。中国的河流大多呈东西走向，这是由中国"西高东低"的地理环境所决定的。中国最西边的喜马拉雅山脉的冰山上融化的冰水，经过慢慢的汇集顺流而东，最终形成了波澜壮阔的大江大河，直奔东海。这些河流孕育了中华民族的古老文明，也为中国这个农业大国的发展提供了极大的便利。本文将通过几个著名河流的介绍，叙述一下河流对于中国的重要意义。

Zhōngguó zuòwéi shìjiè shàng tǔdì miànjī páimíng dì sì de guójiā, jìngnèi de shuǐ zīyuán yěshì shífēn fēngfù, kěyǐ shuō shì shìjiè shàng héliú zuìduō de guójiā zhī yī. Zhōngguó de héliú dàduō chéng dōngxī zǒuxiàng, zhè shì yóu zhōngguó "xīgāo dōng dī" dì dìlǐ huánjìng suǒ juédìng de. Zhōngguó zuì xībian de xǐmǎlāyǎ shānmài de bīngshān shàng rónghuà de bīng shuǐ, jīngguò màn man de huìjí shùn liú ér dōng, zuìzhōng xíngchéngle bōlánzhuàngkuò de dàjiāng dàhé, zhí bēn dōnghǎi. Zhèxiē héliú yùnyùle zhōnghuá mínzú de gǔlǎo wénmíng, yě wéi zhōngguó zhège nóngyè dàguó de fā zhǎn tígōngle jí dà de biànlì. Běnwén jiāng tōngguò jǐ gè zhùmíng héliú de jièshào, xùshù yīxià héliú duìyú zhōngguó de zhòngyào yìyì.

INTRODUCTION TO TEN MAJOR RIVERS IN CHINA (中国十大河流的简介)

China has one of the highest numbers of rivers in the world. In fact, China has so many great rivers with a long history and cultural significances. Among them, there are 2,221 rivers with a drainage area of more than 1000 square kilometers. China's rivers, according to the circulation form of river runoff, include outflowing rivers (外流河) that flow into the ocean, and inland rivers (内流河) that do not flow directly into the ocean.

Based on the length of the rivers, the top ten major rivers of China are:

1. Yangtze River (长江),
2. Yellow River (黄河),
3. Heilongjiang River (黑龙江),
4. Songhua River (松花江),
5. Pearl River (珠江),
6. Brahmaputra (雅鲁藏布江),
7. Lancang River (澜沧江),
8. Nujiang River (怒江),
9. Han River (汉江), and
10. Liaohe River (辽河).

Based on the drainage area (流域面积), the top 10 major rivers are:

1. Yangtze River (长江),
2. Heilongjiang River (黑龙江),
3. Yellow River (黄河),

4. Pearl River (珠江),

5. Tarim River (塔里木河),

6. Haihe River (海河),

7. Brahmaputra River (雅鲁藏布江),

8. Liaohe River (辽河),

9. Huaihe River (淮河), and

10. Lancang River (澜沧江).

In this book, let's learn about the five main rivers of China.

FIVE MAJOR RIVERS IN CHINA (中国五大河流)

1. Yangtze River (长江)

The Yangtze River (the Changjiang River) originates from the "roof of the world" (世界屋脊) - the southwest side of the Geladandong Peak in the Tanggula Mountains on the Qinghai- Tibet Plateau.

The main stream flows through China's 11 administrative regions (eight provinces, two cities and one autonomous region, 八省二市一区): Qinghai Province, Tibet Autonomous Region, Sichuan Province, Yunnan Province, Chongqing City, Hubei Province, Hunan Province, Jiangxi Province, Anhui Province, Jiangsu Province, and Shanghai. It finally flows into the East China Sea. With a total length of 6,397 kilometers, it ranks third in the world in terms of length, only after the Nile River (尼罗河) in Africa and the Amazon River (亚马孙河) in South America.

The mainstream of the Yangtze River runs through central China from west to east. Hundreds of tributaries converge from north to south, extending to parts of eight provinces: Guizhou, Gansu, Shaanxi, Henan, Guangxi, Guangdong, Zhejiang, and Fujian. The drainage area of Yangtze River is 1.8 million square kilometers, accounting for about 1/5 of China's total land area. Most of the Huaihe River (淮河) flows into the Yangtze River through the Grand Canal (大运河).

The Yangtze River is known as the "Golden Waterway (黄金水道) due to the following key natural factors:

1. The river network in the Yangtze River Basin is dense and crisscrossed;

2. The middle and lower reaches of the Yangtze River are located in a subtropical monsoonal climate, with a lot of precipitation and a large amount of water;
3. The annual runoff of the Yangtze River is large, and at the same time, it has a large terrain gap which is suitable for hydroelectric power production;
4. The mainstream of the Yangtze River spans from east to west, and its tributaries spread from north to south, forming a huge river network.

The Three Gorges Dam (三峡大坝) is situated on the Yangtze River in Yichang City, Hubei Province, China (中国湖北省宜昌市).

2. Yellow River (黄河)

The Yellow River, also known as China's mother river (中国母亲河), is the second longest river in China. It is also one of the longest rivers in the world. The total length of the Yellow River is about 5,464 kilometers, and its drainage area is about 752,443 square kilometers. Yellow River Network records the total drainage area of 795,000 square kilometers.

The Yellow River originates from the Yoguzonglie Basin (约古宗列盆地) at the northern foot of the Bayan Har Mountains (巴颜喀拉山) on the Qinghai-Tibet Plateau. It flows from west to east through nine provinces and autonomous regions: Qinghai (青海), Sichuan (四川), Gansu (甘肃), Ningxia (宁夏), Inner Mongolia (内蒙古), Shanxi (山西), Shaanxi (陕西), Henan (河南), and Shandong (山东) before draining into the Bohai Sea (渤海).

The middle and upper reaches of the Yellow River are dominated by mountains, whereas plains and hills dominate the middle and lower reaches. Because the middle section of the river flows through the Loess Plateau (黄土高原) of China, it entrains too much of the sediments. In fact, the river is famous for containing a huge amount of sediments. Every year, nearly 1.6 billion tons of sediments are carried by the river, of which 1.2 billion tons flow into the sea, and the remaining 400 million tons remain in the lower reaches of the Yellow River for many years, forming an alluvial plain, which is conducive to planting.

In Chinese history, the diversion of the lower reaches of the Yellow River had a huge impact on the growth of the human civilization. In fact, the Yellow River Basin is the earliest developed area in China. The Yellow River Basin nurtured the birth and development of Chinese civilization. This is where the Chinese ancestors lived, and created a splendid ancient civilization known as the Yellow River Civilization (黄河文明). Hence, the Chinese people call Yellow River as the "Mother River".

3. Pearl River (珠江)

The Pearl River, also known as the Yuejiang River (粤江), is the third longest river in China. The Pearl River originally referred to a 96-kilometer-long waterway from Guangzhou to the sea entrance. It got its name because it flows through the famous Haizhu Island (海珠岛), where zhu (珠) means "pearl". Later, it gradually became the general name of the various rivers in the Pearl River Delta.

The Pearl River originates from the Wumeng Mountains (乌蒙山) of the Yunnan-Guizhou Plateau (云贵高原). It flows through six provinces in central and western China and northern Vietnam before draining into the South China Sea in the form of numerous downstream estuaries.

The annual runoff of the Pearl River is more than 330 billion cubic meters, ranking second in the national river system, second only to the Yangtze River, 7 times the annual runoff of the Yellow River, and 10 times that of the Huai River. With a total length of 2320 kilometers and a drainage area of 453,690 square kilometers (442,100 square kilometers of which are in China, and 11,590 square kilometers in Vietnam), it is the largest river system in southern China and the third longest river in China.

There are 774 large and small rivers in the Pearl River system, with a total length of more than 36,000 kilometers. The abundant river water and many tributaries have brought favorable conditions to the shipping industry of the Pearl River. Its shipping revenue potential is often ranked second only to the Yangtze River. The Pearl River system is rich in hydropower resources, and the many famous dams are built in the Pearl River system.

The Pearl River Basin has a vast area. Mountains and hills account for 94.5% of the total area. The plain area is small and scattered, accounting for only 5.5%.

The Pearl River Basin is rich in tourism potential. The famous Huangguoshu Waterfall (黄果树瀑布) of Guizhou (贵州安顺市), and Guilin Karst (桂林山水) are all located in the Pearl River Basin.

4. Huaihe River (淮河)

The Huaihe River starts from Tongbai Mountain (桐柏山) in Nanyang City, Henan Province in the west, and joins the Yellow Sea (黄海) in the East. It flows from west to east through the southern Henan Province, northern Hubei Province, northern Anhui Province, and northern Jiangsu Province. It joins the Yangtze River in Yangzhou City, Jiangsu Province.

The Huaihe River has a drainage area of 270,000 square kilometers. The river basin has an abundance of coal resources, with proven coal reserves of more than 70 billion tons.

5. Heilongjiang River (黑龙江)

Heilongjiang, one of the great rivers in Asia that flows through Mongolia, China and Russia, is located in northeastern Asia.

The Ergun River (额尔古纳河) is the source of the river. It flows into the Strait of Okhotsk in Nikolayevsk, Russia. It has a total length of 4440 kilometers: the Sino-Russian border river is 3,000 kilometers long, and the length in Russia is more than 1,400 kilometers. The basin area of Heilongjiang River is 1.856 million square kilometers, including the basin area within China of 891,000 square kilometers.

Heilongjiang was originally an inland river in China, and it was the third largest river after the Yangtze River and the Yellow River. During the Qing Dynasty, the Tsarist Russia forced the Qing government to sign the biased Sino-Russian Treaty, and the upper and middle reaches of the river were designated as the boundary river between China and Russia.

The lower reaches below Khabarovsk (哈巴罗夫斯克) became part of Russia.

In 2004, the People's Republic of China and the Russian Federation signed a final border agreement, demarcating the border between the two countries with Heilongjiang River as the basic boundary.

The Heilongjiang River has a vast watershed. It has abundant water resources and good shipping conditions.

YANGTZE RIVER (长江)

1	全长	Quán zhǎng	Overall length
2	长河	Chánghé	Long river; endless flow; long process
3	仅次于	Jǐn cì yú	Second only to
4	尼罗河	Níluóhé	The Nile
5	亚马逊河	Yàmǎxùn hé	Amazon; Amazon River; the Amazon
6	青藏高原	Qīngzàng gāoyuán	Qinghai-Tibet Plateau (located in southwest China)
7	亘古	Gèngǔ	From time immemorial
8	矗立	Chùlì	Stand tall and upright; stand erect
9	雪山	Xuěshān	Snow mountain
10	融化	Rónghuà	Melt; thaw; thawing
11	雪水	Xuě shuǐ	Snow-broth; snow water
12	崇山峻岭	Chóngshān jùnlǐng	High mountains and lofty hills; lofty mountains and high ranges
13	溪流	Xīliú	Ravine stream; brook; rivulet; pill
14	养育	Yǎngyù	Bring up; rear; raising; breeding
15	中华民族	Zhōnghuá mínzú	The Chinese people/nation/ethnic group
16	母亲河	Mǔqīn hé	Mother river
17	横穿	Héng chuān	Traverse
18	东海	Dōnghǎi	The Donghai Sea; the East China Sea
19	早期	Zǎoqí	Early stage; early phase
20	人类文明	Rénlèi wénmíng	Human civilization; human culture; mankind civilization
21	诞生	Dànshēng	Be born; come into the world;

			come into being; emerge
22	长江流域	Chángjiāng liúyù	The drainage areas of the Yangtze River
23	考古学家	Kǎogǔ xué jiā	Archeologist
24	两百万	Liǎng bǎi wàn	Two million; two millions; Two million dollars.
25	长江三峡	Chángjiāng sānxiá	Three gorges, Yangtze gorges
26	被称为	Bèi chēng wèi	Known as; be known as; be called
27	巫山	Wūshān	Wu Mountain (in Sichuan)
28	后来	Hòulái	Afterwards; later; then
29	云南	Yúnnán	Yunnan province
30	猿人	Yuánrén	Pithecanthropus; ape man
31	元谋人	Yuánmóu rén	Yuanmou Man (fossil remains found in Yunnan)
32	在此之前	Zài cǐ zhīqián	Before; heretofore; before that
33	考古	Kǎogǔ	Engage in archaeological studies; archaeology
34	人类文明	Rénlèi wénmíng	Human civilization; human culture; mankind civilization
35	不断进步	Bùduàn jìnbù	Improving constantly
36	有价值	Yǒu jiàzhí	Worthy; count; merit
37	遗骸	Yíhái	Remains; body; corpse; dust
38	原始人	Yuánshǐ rén	Primitive man
39	紧靠	Jǐn kào	Adjoin
40	可以说	Kěyǐ shuō	It is not too much to say; it is too much to say; so to speak
41	中华文明	Zhōnghuá wénmíng	Chinese civilization
42	当之无愧	Dāngzhī wúkuì	Fully deserve; merit the reward; be deserving; be worthy of

43	中国人	Zhōngguó rén	Chinese
44	航运	Hángyùn	Shipping
45	便利	Biànlì	Convenient; easy; for the convenience of; facilitate
46	渔民	Yúmín	Fisherman
47	捕鱼	Bǔ yú	Catch fish; fish; fishing
48	纵贯	Zòng guàn	Pass through from north to south or from south to north
49	自古以来	Zìgǔ yǐlái	From ancient times to the present
50	地大物博	Dìdà wùbó	Vast territory and abundant resources; a big country abounding in natural wealth
51	在古代	Zài gǔdài	In ancient times; in the old days; in the ancient time
52	不便	Bùbiàn	Inconvenient
53	陆运	Lùyùn	Transport by car or train; land transportation; land carriage; carriage by land
54	运送人	Yùnsòng rén	Carrier
55	东部	Dōngbù	East
56	花费	Huāfèi	Spend; expend; cost; money spent; expenditure; expenses
57	顺流而下	Shùn liú ér xià	Sail downward with the current; succeed easily
58	到达目的地	Dàodá mùdì de	Get to somebody's journey's end
59	依然	Yīrán	Still; as before
60	数百万	Shù bǎi wàn	Millions of; multimillion; several million
61	大河	Dàhé	Great river
62	不言不语	Bù yán bù yǔ	Utter not a single word; keep

			silent
63	见证	Jiànzhèng	Witness; testimony
64	助力	Zhùlì	Help; assistance; helping hand; assist
65	腾飞	Téngfēi	Rise rapidly; soar; take off

Chinese (中文)

长江全长 6211.31 公里，是中国乃至亚洲的第一长河，也是世界第三长的河流，仅次于尼罗河和亚马逊河。长江的源头在青藏高原。亘古矗立的唐古拉山脉的雪山融化，雪水从崇山峻岭之间冲下来，慢慢形成了水流，溪流，最后竟汇聚成了养育中华民族上千年的母亲河，横穿了中国的十个省份，最终汇入东海。

之所以说长江是中国的"母亲河"，是因为中国最早期的人类文明，就是诞生在长江流域的。根据考古学家们的发现，早在两百万年前，长江三峡地区就出现了古人类，它们被称为"巫山人"。这是中国最早发现的古人类活动地区。后来，他们又在云南地区发现了距离现在大概 170 万年前的早期猿人，被称为"元谋人"。在此之前，中国的考古界发现的最早的人类是"北京猿人"。元谋人的出现，大大把中国早期人类文明的时间往前推进了很多。随着科学的不断进步，考古学家们也在不断的发掘中获取到了很多有价值的早期人类工具、遗迹和遗骸。当他们汇总这些数据的时候，发现很多的原始人活动地区都是紧靠着长江流域的。所以我们才可以说，长江确实是孕育了无数的早期中华文明，是当之无愧的母亲河。

随着科学的进步，现在的中国人已经不再需要紧靠着长江来维持最基本的生存。长江的主要功能是提供航运的便利和让渔民捕鱼生存。长江纵贯东西的走向使得它自古以来就是航运的重要帮助。中国地大物博，在古代的时候交通不便，通过陆运从西部运送人和物品到东部，往往要花费大量的时间和人力。但是如果通过长江，只需要一条船从西部顺流而下，很快就可以到达目的地。因此哪怕就是现在的中国，长江航运依然是中国内陆运输的重要手段。这条形成了数百万年的大河虽然不言不语，却一直在见证和助力着中国的发展和腾飞。

Pinyin (拼音)

Chángjiāng quán zhǎng 6211.31 Gōnglǐ, shì zhōngguó nǎizhì yàzhōu de dì yī chánghé, yěshì shìjiè dì sān cháng de héliú, jǐn cì yú níluóhé hé yàmǎxùn hé. Chángjiāng de yuántóu zài qīngzàng gāoyuán. Gèngǔ chùlì de tánggǔlā shānmài de xuěshān rónghuà, xuě shuǐ cóng chóngshānjùnlǐng zhī jiān chōng xiàlái, màn man xíngchéngle shuǐliú, xīliú, zuìhòu jìng huìjù chéngle yǎngyù zhōnghuá mínzú shàng qiānnián de mǔqīn hé, héng chuānle zhōngguó de shí gè shěngfèn, zuìzhōng huì rù dōnghǎi.

Zhī suǒyǐ shuō chángjiāng shì zhōngguó de "mǔqīn hé", shì yīn wéi zhōngguó zuìzǎoqí de rénlèi wénmíng, jiùshì dànshēng zài chángjiāng liúyù de. Gēnjù kǎogǔ xué jiāmen de fā xiàn, zǎo zài liǎng bǎi wàn nián qián, chángjiāng sānxiá dìqū jiù chūxiànle gǔ rénlèi, tāmen bèi chēng wèi "wūshān rén". Zhè shì zhōngguó zuìzǎo fāxiàn de gǔ rénlèi huódòng dìqū. Hòulái, tāmen yòu zài yúnnán dìqū fāxiàn le jùlí xiànzài dàgài 170 wàn nián qián de zǎoqí yuánrén, bèi chēng wèi "yuánmóu rén". Zài cǐ zhīqián, zhōngguó de kǎogǔ jiè fāxiàn de zuì zǎo de rénlèi shì "běijīng yuánrén". Yuánmóu rén de chūxiàn, dàdà bǎ zhōngguó zǎoqí rénlèi wénmíng de shíjiān wǎng qián tuījìnle hěnduō. Suízhe kēxué de bùduàn jìnbù, kǎogǔ xué jiāmen yě zài bùduàn de fā jué zhōng huòqǔ dàole hěnduō yǒu jiàzhí de zǎoqí rénlèi gōngjù, yíjī hé yíhái. Dāng tāmen huìzǒng zhèxiē shùjù de shíhòu, fāxiàn hěnduō de yuánshǐ rén huódòng dìqū dōu shì jǐn kàozhe chángjiāng liúyù de. Suǒyǐ wǒmen cái kěyǐ shuō, chángjiāng quèshí shì yùn yù liǎo wú shǔ de zǎoqí zhōnghuá wénmíng, shì dāngzhīwúkuì de mǔqīn hé.

Suízhe kēxué de jìnbù, xiànzài de zhōngguó rén yǐjīng bù zài xūyào jǐn kàozhe chángjiāng lái wéichí zuì jīběn de shēngcún. Chángjiāng de zhǔyào gōngnéng shì tígōng hángyùn de biànlì hé ràng yúmín bǔ yú shēngcún. Chángjiāng zòng guàn dōngxī de zǒuxiàng shǐdé tā zìgǔ yǐlái jiùshì hángyùn de zhòngyào bāngzhù. Zhōngguó dìdàwùbó, zài gǔdài de shíhòu jiāotōng bùbiàn, tōngguò lùyùn cóng xībù yùnsòng rén hé wùpǐn dào dōngbù, wǎngwǎng yào huāfèi dàliàng de shíjiān hé rénlì. Dànshì rúguǒ tōngguò chángjiāng, zhǐ xūyào yītiáo chuán cóng xībù shùn liú ér xià, hěn kuài jiù kěyǐ dàodá mùdì de. Yīncǐ nǎpà jiùshì xiànzài de zhōngguó, chángjiāng hángyùn yīrán shì zhōngguó nèi lù yùnshū de zhòngyào shǒuduàn. Zhè tiáo xíngchéngle shù bǎi wàn nián de dàhé suīrán bù yán bù yǔ, què yīzhí zài jiànzhèng hé zhùlìzhe zhōngguó de fǎ zhǎn hé téngfēi.

YELLOW RIVER (黄河)

1	黄河	Huánghé	The Huanghe River; the Yellow River
2	全长	Quán zhǎng	Overall length
3	发源地	Fāyuán dì	Seminary
4	孕育	Yùnyù	Be pregnant with; breed; inoculation
5	青海	Qīnghǎi	Qinghai
6	四川	Sìchuān	Sichuan
7	省份	Shěngfèn	Province
8	山东省	Shāndōng shěng	Shandong province
9	渤海	Bóhǎi	The Bohai Sea
10	由来	Yóulái	Origin
11	呈现出	Chéngxiàn chū	Appear; emerge; present
12	沙土	Shātǔ	Sandy soil
13	中段	Zhōngduàn	Middle piece; trunk
14	陕西	Shǎnxī	Shaanxi
15	黄土高原	Huángtǔ gāoyuán	Loess plateau
16	泥沙	Ní shā	Silt; sediment
17	含沙量	Hán shā liàng	Silt content
18	河水	Héshuǐ	River water
19	历史上	Lìshǐ shàng	Historically; in history
20	母亲河	Mǔqīn hé	Mother river
21	在某种程度上	Zài mǒu zhǒng	In some degree; to a certain degree

		chéngdù shàng	
22	考古学家	Kǎogǔ xué jiā	Archeologist
23	长江流域	Chángjiāng liúyù	The drainage areas of the Yangtze River
24	遗迹	Yíjī	Historical remains; relic
25	记载	Jìzǎi	Put down in writing; record
26	中华文明	Zhōnghuá wénmíng	Chinese civilization
27	黄河流域	Huánghé liúyù	Yellow River basin
28	始祖	Shǐzǔ	First ancestor; earliest ancestor
29	炎黄	Yánhuáng	Yan Di and Huang Di, two legendary rulers of remote antiquity
30	北宋	Běisòng	The Northern Song or Earlier Song Dynasty
31	南渡	Nán dù	Transfer the capital to south of the Yangtze
32	文化中心	Wénhuà zhōngxīn	Cultural center
33	可以说	Kěyǐ shuō	It is not too much to say; it is too much to say; so to speak
34	养育	Yǎngyù	Bring up; rear; raising; breeding
35	河流	Hé liú	Rivers; stream
36	始终	Shǐzhōng	From beginning to end
37	汇集	Huìjí	Adduct; collect; compile; come together
38	大国	Dàguó	Power; leading powers; great power
39	老百姓	Lǎobǎixìng	Common people; ordinary people; civilians

40	滩涂	Tāntú	Intertidal zone; tidal-flat area; shoal; shallows
41	匮乏	Kuìfá	Short; deficient
42	越来越多	Yuè lái yuè duō	More and more
43	开垦	Kāikěn	Open up wasteland for farming; reclaim wasteland; bring under cultivation; break ground
44	农业用地	Nóngyè yòngdì	Agricultural land; land for farming purposes
45	再加上	Zài jiā shàng	Plus; and; more; add
46	充沛	Chōngpèi	Plentiful; abundant; full of
47	除此之外	Chú cǐ zhī wài	Besides; in addition
48	水流	Shuǐliú	Rivers; streams; waters; current
49	航运	Hángyùn	Shipping
50	不发达	Bù fādá	Underdeveloped; underdevelopment
51	渡河	Dùhé	Cross a river
52	渡过	Dùguò	Voyage; tide over
53	向南方	Xiàng nánfāng	South; southerly
54	无情	Wúqíng	Merciless; ruthless; heartless; inexorable
55	炎黄子孙	Yánhuáng zǐsūn	All the children of the Yellow Emperor; the Chinese people
56	他们的	Tāmen de	Their; theirs
57	改道	Gǎidào	Change one's route
58	每一次	Měi yīcì	Every time; at a time; from one time to the next
59	使得	Shǐdé	Can be used; usable
60	无家可归	Wú jiā kě guī	Be homeless; be homeless and

			without a place of refuge; be rendered homeless; be without a roof
61	只好	Zhǐhǎo	Have to; be forced to
62	背井离乡	Bèijǐng líxiāng	Be forced to leave one's hometown; be away from home; be compelled to leave one's home village; leave one's native place
63	生存	Shēngcún	Subsist; exist; live; survival
64	无论如何	Wúlùn rúhé	In any case; anyhow; as it may; at all events
65	数千	Shù qiān	Thousands of
66	文明	Wénmíng	Civilization; culture; civilized
67	创造	Chuàngzào	Create; produce; bring about
68	至关重要	Zhì guān zhòngyào	Crucial; Essential; vital; of vital importance

Chinese (中文)

黄河全长大约 5464 公里，是中国第二、世界第六场的河流。跟长江一样，它的发源地也在青藏高原上。巴颜喀拉山脉北方的盆地孕育出了一条河流，流经了青海、四川等九个省份之后，从山东省注入渤海。黄河名字的由来，是因为在很多流域的黄河呈现出沙土般的黄色。这是因为黄河的中段流经了陕西的黄土高原，带走了大量的泥沙，导致下游地区看到的黄河含沙量特别高，河水也就不可避免地呈现出黄色。

中国的历史上有两条母亲河，一条是长江，另一条就是黄河。在某种程度上来说，黄河对于中国历史的帮助，甚至要超过长江。虽然考古学家们在长江流域发现了大量古人类的遗迹，但是进入有历史记载的上下五千年中华文明的时间里，中国的文明有三千多年是在黄河流域被创造和延续的。比如，中国文明里的人文始祖——炎黄二帝就是诞生在黄河流域。从这之后到北宋被金国消灭、北方的贵族和平民被迫向南渡过黄河以前，中国的经济和政治文化中心，始终是在黄河流域的。可以说，黄河养育数千年的中华文明。

中国是一个河流众多的国家，为什么三千多年的文明始终汇集在黄河流域呢？这是由中国的经济方式决定的。中国一直是一个农业大国，农业生产是当时老百姓主要从事的行业。黄河从青藏高原顺流而下，带来了大量的泥沙。这些泥沙在黄河流域的很多地区冲击形成了大量的滩涂，成为了耕地。这解决了人口增加之后土地匮乏的问题。因此，越来越多的农民向黄河地区聚集，开垦出大量的农业用地。再加上黄河地区水量充沛，可以保障那些需要水源充足的作物生长。除此之外，黄河的水流不如长江那么平稳。就算是以现在的航运和造船技术，黄河依然不是中国内部运输的选择。当科技不发达的古代，人们更是很难用简易的渡河工具渡过黄河，向南方发展。

大自然是无情的。黄河孕育了炎黄子孙的文明，但是却在很多时期阻碍了他们的发展。黄河在历史上数次改道，每一次改道都给流域内的老百姓带来了洪涝等严重的灾难，使得很多人无家可归，只好背井离乡去其他地方继续生存。但是无论如何，它在中国数千年文明的创造中，都是起到了至关重要的作用的。

Pinyin (拼音)

Huánghé quán zhǎng dàyuē 5464 gōnglǐ, shì zhōngguó dì èr, shìjiè dì liù chǎng de héliú. Gēn chángjiāng yīyàng, tā de fā yuán dì yě zài qīngzàng gāoyuán shàng. Bā yán kā lā shānmài běifāng de péndì yùnyù chūle yītiáo héliú, liú jīngle qīnghǎi, sìchuān děng jiǔ gè shěngfèn zhīhòu, cóng shāndōng shěng zhùrù bóhǎi. Huánghé míngzì de yóulái, shì yīnwèi zài hěnduō liúyù de huánghé chéngxiàn chū shātǔ bān de huángsè. Zhè shì yīnwèi huánghé de zhōngduàn liú jīngle shǎnxī de huángtǔ gāoyuán, dài zǒule dàliàng de ní shā, dǎozhì xiàyóu dìqū kàn dào de huánghé hán shā liàng tèbié gāo, héshuǐ yě jiù bùkě bìmiǎn de chéngxiàn chū huángsè.

Zhōngguó de lìshǐ shàng yǒu liǎng tiáo mǔqīn hé, yītiáo shì chángjiāng, lìng yītiáo jiùshì huánghé. Zài mǒu zhǒng chéngdù shànglái shuō, huánghé duìyú zhōngguó lìshǐ de bāngzhù, shènzhì yào chāoguò chángjiāng. Suīrán kǎogǔ xué jiāmen zài chángjiāng liúyù fāxiànle dàliàng gǔ rénlèi de yíjī, dànshì jìnrù yǒu lìshǐ jìzǎi de shàngxià wǔqiān nián zhōnghuá wénmíng de shíjiān lǐ, zhōngguó de wénmíng yǒu sānqiān duō nián shì zài huánghéliúyù bèi chuàngzào hé yánxù de. Bǐrú, zhōngguó wénmíng lǐ de rénwén shǐzǔ——yánhuáng èr dì jiùshì dànshēng zài huánghé liúyù. Cóng zhè zhīhòu dào běisòng bèi jīn guó xiāomiè, běifāng de guìzú hé píngmín bèi pò xiàng nán dùguò huánghé yǐqián, zhōngguó de jīngjì hé zhèngzhì wénhuà zhōngxīn, shǐzhōng shì zài huánghé liúyù de. Kěyǐ shuō, huánghé yǎngyù shù qiān nián de zhōnghuá wénmíng.

Zhōngguó shì yīgè hé liú zhòngduō de guójiā, wèishéme sānqiān duō nián de wénmíng shǐzhōng huìjí zài huánghé liúyù ne? Zhè shì yóu zhōngguó de jīngjì fāngshì juédìng de. Zhōngguó yīzhí shì yīgè nóngyè dàguó, nóngyè shēngchǎn shì dāngshí lǎobǎixìng zhǔyào cóngshì de hángyè. Huánghé cóng qīngzàng gāoyuán shùn liú ér xià, dài láile dàliàng de ní sha. Zhèxiē ní shā zài huánghé liúyù de hěnduō dìqū chōngjī xíngchéngle dàliàng de tāntú, chéngwéile gēngdì. Zhè jiějuéle rénkǒu zēngjiā zhīhòu tǔdì kuìfá de wèntí. Yīncǐ, yuè lái yuè duō de nóngmín xiàng huánghé dìqū jùjí, kāikěn chū dàliàng de nóngyè yòngdì. Zài jiā shàng huánghé dìqū shuǐliàng chōngpèi, kěyǐ bǎozhàng nàxiē xūyào shuǐyuán chōngzú de zuòwù shēngzhǎng. Chú cǐ zhī wài, huánghé de shuǐliú bùrú chángjiāng nàme píngwěn. Jiùsuàn shì yǐ xiànzài de hángyùn hé zàochuán jìshù, huánghé yīrán bùshì zhōngguó nèibù yùnshū de xuǎnzé. Dāng kējì bù fādá de gǔdài, rénmen gèng shì hěn nán yòng jiǎnyì de dùhé gōngjù dùguò huánghé, xiàng nánfāng fāzhǎn.

Dà zìrán shì wúqíng de. Huánghé yùnyùle yánhuáng zǐsūn de wénmíng, dànshì què zài hěnduō shíqí zǔ'àile tāmen de fā zhǎn. Huánghé zài lìshǐ shàng shù cì gǎidào, měi yīcì gǎidào dōu gěi liúyù nèi de lǎobǎixìng dài láile hónglào děng yánzhòng de zāinàn, shǐdé hěnduō rén wú jiā kě guī, zhǐhǎo bèijǐnglíxiāng qù qítā dìfāng jìxù shēngcún. Dànshì wúlùn rúhé, tā zài zhōngguó shù qiān nián wénmíng de chuàngzào zhōng, dōu shì qǐ dàole zhì guān zhòngyào de zuòyòng de.

PEARL RIVER (珠江)

1	珠江	Zhūjiāng	The Pearl River; the Zhujiang River
2	全长	Quán zhǎng	Overall length
3	水系	Shuǐxì	River system; hydrographic net; drainage; basin
4	云南	Yúnnán	Yunnan province
5	贵州	Guìzhōu	Guizhou
6	两广	Liǎngguǎng	The Two Guangs—Guangdong and Guangxi provinces
7	港澳	Gǎng'ào	HK and Macao; Hong Kong and Macao
8	省份	Shěngfèn	Province
9	历史上	Lìshǐ shàng	Historically; in history
10	两广地区	Liǎngguǎng dìqū	Guangdong and Guangxi areas
11	偏僻	Piānpì	Remote; out-of-the-way; far-off
12	不毛之地	Bùmáo zhī dì	Barren land; desert; a desert region
13	少数民族	Shǎoshù mínzú	Minority nationality; national minority
14	部落	Bùluò	Tribe
15	北方	Běifāng	North; the northern part of the country
16	统治者	Tǒngzhì zhě	Ruler; sovereign
17	流放	Liúfàng	Banish; send into exile; exile; float downstream
18	犯人	Fànrén	Prisoner; convict; criminal; the guilty
19	北宋	Běisòng	The Northern Song or Earlier Song Dynasty

20	一千	Yīqiān	A thousand
21	发掘	Fājué	Excavate; unearth; explore; disinterment
22	流域	Liúyù	Watershed; basin; drainage area
23	最重要	Zuì zhòngyào	Most important; the most important; principal
24	第一个	Dì yī gè	First; the first; the first one
25	水灾	Shuǐzāi	Flood; inundation
26	大河	Dàhé	Great river
27	暴雨	Bàoyǔ	Torrential rain; rainstorm; hard rain; intense fall
28	热带低压	Rèdài dīyā	Tropical depression
29	台风	Táifēng	Typhoon; stage manners
30	高山	Gāoshān	Alp; high mountain
31	中游	Zhōngyóu	Middle reaches; midstream
32	扑向	Pū xiàng	Fly at; go at; make at; jump on
33	时常	Shícháng	Often; frequently; now and again
34	侵袭	Qīnxí	Make inroads on; invade and attack; smite; hit
35	经济发展	Jīngjì fāzhǎn	Economic development
36	严重影响	Yán chóng yǐngxiǎng	Great influence
37	第二个	Dì èr gè	The second; 2nd; A second
38	旱灾	Hànzāi	Drought; dry damage
39	北部地区	Běibù dìqū	Upstate
40	一般来说	Yībān lái shuō	Generally speaking; by and large
41	旱情	Hànqíng	Damage to crops by drought
42	集中在	Jízhōng zài	Center at
43	春秋	Chūnqiū	Spring and autumn; year; age; annals
44	水文资料	Shuǐwén	Hydrological data

		zīliào	
45	短暂时间	Duǎn zhàn shíjiān	Blink
46	大规模	Dà guīmó	Large-scale; extensive; massive; mass
47	几十	Jǐ shí	Dozens; several tens
48	可见	Kějiàn	It is thus clear that; visible; visual
49	灾情	Zāiqíng	The condition of a disaster
50	水资源	Shuǐ zīyuán	Water resource
51	非常地	Fēicháng de	Bitterly; extremely; very; very much
52	充沛	Chōngpèi	Plentiful; abundant; full of
53	地势	Dìshì	Physical features of a place; relief; terrain; topography
54	平稳	Píngwěn	Steady; smooth and steady; stable
55	建造	Jiànzào	Formation; construct; build; make
56	水电站	Shuǐdiàn zhàn	Hydroelectric station; hydropower station
57	一万	Yī wàn	Ten thousand
58	当地居民	Dāngdì jūmín	Local residents
59	除此之外	Chú cǐ zhī wài	Besides; in addition
60	水势	Shuǐshì	Flow of water; rise and fall of floodwater
61	平缓	Pínghuǎn	Gently; mild; placid; gentle
62	航运	Hángyùn	Shipping
63	特别是	Tèbié shì	Particular; special
64	深圳	Shēnzhèn	Shenzhen, location of a special economic zone in south China
65	相继	Xiāngjì	In succession; one after another
66	特大城市	Tèdà chéngshì	Megalopolis

67	空前	Kōngqián	Unprecedented; unparalleled
68	送到	Sòng dào	Send to; deliver to
69	广州	Guǎngzhōu	Guangzhou
70	一线城市	Yīxiàn chéngshì	First-tier cities; first-tier city; the first tier city
71	外埠	Wàibù	Towns or cities other than where one is
72	近洋	Jìn yáng	Offshore; coastal ocean; inshore
73	远洋航线	Yuǎnyáng hángxiàn	Ocean route
74	重要作用	Zhòngyào zuòyòng	Play an important role; significant role; in
75	远洋	Yuǎnyáng	Ocean; of the open sea beyond the littoral zone; oceanic; the distant seas
76	稳定输出	Wěndìng shūchū	Firm output

Chinese (中文)

珠江全长 2320 公里，是中国第三长的河流，也是中国南方最大的水系。它的发源地在云南境内马雄山，流经了云南、贵州、两广和港澳等六个省份，最后注入南海。

比起长江和黄河，珠江对于中国漫长的历史来说影响并不大。因为中国数千年的历史上，云南和两广地区都是非常偏僻的不毛之地，大部分时候都是被少数民族部落占据、或者是北方统治者流放犯人的地区。因此，珠江的作用主要还是在北宋之后的一千多年以来才被大量发掘出来。有很多因素限制了珠江对于其流域周围居民的作用，其中最重要的有两个。

第一个是水灾。作为水量排名全国前三的大河系，珠江也不可避免地会出现可怕的洪涝灾害。洪涝灾害的成因主要是暴雨。因为两广地区处于西南地区，靠近热带低压地区，容易被台风等极端天气影响，形成暴雨。但是珠江的上游地区大多是高山，水的流速非常快；中游地区又没有大型的湖泊可以作为缓冲，上游的水往往直接扑向下游地区，产生巨大的洪涝灾害。两广地区的下游平原时常受到这种灾害的侵袭，经济发展也受到严重影响。

第二个是旱灾。除了夏季会出现的暴雨天气，但是广东的北部地区还会受到旱灾的影响。一般来说，广东的旱情集中在春秋两个季节。在中国的历史上，珠江流域的发展起步已经很晚，因此有历史记载的珠江流域的水文资料也不多。但是在有文献记录的短暂时间里，珠江全流域出现过的大规模旱灾就有好几十次。可见这个灾情对于珠江流域的影响还是非常严重的。

因为旱灾和水灾的影响，珠江流域并不适合耕种。珠江对于中国的发展同样可以起到独特的作用。新中国成立之后，科学家们发现珠江流域的水资源非常地充沛，而且地势很平稳，适合建造大型的水电站。因此，到上世纪 90 年代，珠江全流域建立的水电站已经有一万三千多座，为整个珠三角地区提供了大量的电力资源，保障了当地居民的生产和发展。

除此之外，珠江的水势较为平缓，也比较适合航运的发展。特别是在广东和深圳相继成为中国的特大城市群之后，珠三角地区对于物资的需求是空前的。西南部的物资可以通过珠江航运的方式迅速送到东岸，保障广州和深圳等超一线城市的正常运转。而且，广州和深圳作为中国比较大的外埠码头，对于近洋乃至于远洋航线都有着至关重要的作用。珠江流域则承担着连接内陆地区和南海的重要作用，为远洋航线的稳定输出提供了保障。

Pinyin (拼音)

Zhūjiāng quán zhǎng 2320 gōnglǐ, shì zhōngguó dì sān cháng de héliú, yěshì zhōngguó nánfāng zuìdà de shuǐxì. Tā de fā yuán dì zài yúnnán jìngnèi mǎ xióngshān, liú jīngle yúnnán, guìzhōu, liǎngguǎng hé gǎng'ào děng liù gè shěngfèn, zuìhòu zhùrù nánhǎi.

Bǐ qǐ chángjiāng hé huánghé, zhūjiāng duìyú zhōngguó màncháng de lìshǐ lái shuō yǐngxiǎng bìng bù dà. Yīn wéi zhōngguó shù qiān nián de lìshǐ shàng, yúnnán hé liǎngguǎng dìqū dōu shì fēicháng piānpì de bùmáo zhī dì, dà bùfèn shíhòu dōu shì bèi shǎoshù mínzú bùluò zhànjù, huòzhě shì běifāng tǒngzhì zhě liúfàng fànrén dì dìqū. Yīncǐ, zhūjiāng de zuòyòng zhǔyào háishì zài běisòng zhīhòu de yīqiān duō nián yǐlái cái bèi dàliàng fājué chūlái. Yǒu hěnduō yīnsù xiànzhìle zhūjiāng duìyú qí liúyù zhōuwéi jūmín de zuòyòng, qízhōng zuì zhòngyào de yǒu liǎng gè.

Dì yī gè shì shuǐzāi. Zuòwéi shuǐliàng páimíng quánguó qián sān de dàhé xì, zhūjiāng yě bùkě bìmiǎn de huì chūxiàn kěpà de hónglào zāihài. Hónglào zāihài de chéngyīn zhǔyào shi bàoyǔ. Yīnwèi liǎngguǎng dìqū chǔyú xīnán dìqū, kàojìn rèdài dīyā dìqū, róngyì bèi táifēng děng jíduān tiānqì yǐngxiǎng, xíngchéng bàoyǔ. Dànshì zhūjiāng de shàngyóu dìqū dàduō shì gāoshān, shuǐ de liúsù fēicháng kuài; zhōngyóu dìqū yòu méiyǒu dàxíng de húbó kěyǐ zuòwéi huǎnchōng, shàngyóu de shuǐ wǎngwǎng zhíjiē pū xiàng xiàyóu dìqū, chǎnshēng jùdà de hónglào zāihài. Liǎngguǎng dìqū de xiàyóu píngyuán shícháng shòudào zhè zhǒng zāihài de qīnxí, jīngjì fāzhǎn yě shòudào yán chóng yǐngxiǎng.

Dì èr gè shì hànzāi. Chúle xiàjì huì chūxiàn de bàoyǔ tiānqì, dànshì guǎngdōng de běibù dìqū hái huì shòudào hànzāi de yǐngxiǎng. Yībān lái shuō, guǎngdōng de hànqíng jízhōng zài chūnqiū liǎng gè jìjié. Zài zhōngguó de lìshǐ shàng, zhūjiāng liúyù de fā zhǎn qǐbù yǐjīng hěn wǎn, yīncǐ yǒu lìshǐ jìzǎi de zhūjiāng liúyù de shuǐwén zīliào yě bù duō. Dànshì zài yǒu wénxiàn jìlù de duǎn zhàn shíjiān lǐ, zhūjiāng quán liúyù chūxiànguò de dà guīmó hànzāi jiù yǒu hǎo jǐ shí cì. Kějiàn zhège zāiqíng duìyú zhūjiāng liúyù de yǐngxiǎng háishì fēicháng yánzhòng de.

Yīnwèi hànzāi hé shuǐzāi de yǐngxiǎng, zhūjiāng liúyù bìng bù shìhé gēngzhòng. Zhūjiāng duìyú zhōngguó de fā zhǎn tóngyàng kěyǐ qǐ dào dútè de zuòyòng. Xīn zhōngguó chénglì zhīhòu, kēxuéjiāmen fāxiàn zhūjiāng liúyù de shuǐ zīyuán fēicháng de chōngpèi, érqiě dìshì hěn píngwěn, shìhé jiànzào dàxíng de shuǐdiànzhàn. Yīncǐ, dào shàng shìjì 90 niándài, zhūjiāng quán liúyù jiànlì de shuǐdiànzhàn yǐjīng yǒu yī wàn sānqiān duō zuò, wèi zhěnggè zhū sānjiǎo dìqū tígōngle dàliàng de diànlì zīyuán, bǎozhàng liǎo dàng dì jūmín de shēngchǎn hé fāzhǎn.

Chú cǐ zhī wài, zhūjiāng de shuǐshì jiàowéi pínghuǎn, yě bǐjiào shìhé hángyùn de fā zhǎn. Tèbié shì zài guǎngdōng hé shēnzhèn xiāngjì chéngwéi zhōngguó de tèdà chéngshì qún zhīhòu, zhū sānjiǎo dìqū duìyú wùzī de xūqiú shì kōngqián de. Xīnán bù de wùzī kěyǐ tōngguò zhūjiāng hángyùn de fāngshì xùnsù sòng dào dōng àn, bǎozhàng guǎngzhōu hé shēnzhèn děng chāo yīxiàn chéngshì de zhèngcháng yùnzhuǎn. Érqiě, guǎngzhōu hé shēnzhèn zuòwéi zhōngguó bǐjiào dà de wàibù mǎtóu, duìyú jìn yáng nǎizhì yú yuǎnyáng hángxiàn dōu yǒuzhe zhì guān zhòngyào de zuòyòng. Zhūjiāng liúyù zé chéngdānzhe liánjiē nèi lù dìqū hé nánhǎi de zhòngyào zuòyòng, wèi yuǎnyáng hángxiàn de wěndìng shūchū tígōngle bǎo zhàng.

HUAI RIVER (淮河)

1	淮河	Huáihé	Huai River
2	位于	Wèiyú	Be located; be situated; be seated; lie
3	东部	Dōngbù	East
4	处在	Chù zài	Be (in a certain condition)
5	大河	Dàhé	Great river
6	中间	Zhōngjiān	Among; between; center
7	突出	Túchū	Protruding; projecting; sticking out; outstanding
8	河流	Héliú	Rivers; stream
9	发源于	Fāyuán yú	Take its source at
10	河南省	Hénán shěng	Henan
11	交界处	Jiāojiè chù	The place where several parts meet; have a common boundary
12	桐柏山	Tóng bǎishān	Tongbai Mountain
13	平缓	Pínghuǎn	Gently; mild; placid; gentle
14	长江三角洲	Chángjiāng sānjiǎozhōu	Yangtze River delta
15	冲积平原	Chōngjī píngyuán	Alluvial plain
16	不仅如此	Bùjǐn rúcǐ	Not only that
17	非常多	Fēicháng duō	A great many; a lot; quite some
18	洼地	Wādì	Marsh land; depression
19	四通八达	Sìtōng bādá	Lead in all directions; accessible from all directions
20	水网	Shuǐ wǎng	Network of rivers
21	自古以来	Zìgǔ yǐlái	From ancient times to the present; down the ages; from

			everlasting; from the old
22	粮仓	Liángcāng	Granary; grain elevator; barn
23	富饶	Fùráo	Richly endowed; fertile; abundant; rich
24	代名词	Dàimíng cí	Pronoun
25	重要意义	Zhòngyào yìyì	Significance; important; Signification
26	地理位置	Dìlǐ wèizhì	Geographical situation; geographic location
27	地理学	Dìlǐ xué	Geography
28	秦岭	Qínlǐng	Qinling mountains
29	南北	Nánběi	North and south; from north to south
30	可以说	Kěyǐ shuō	It is not too much to say; it is too much to say; so to speak
31	划分	Huàfēn	Divide; partition; repartition; differentiate
32	分界线	Fēn jièxiàn	Line of demarcation; boundary
33	随便	Suíbiàn	Casual; random; informal
34	数据分析	Shùjù fēnxī	Data analysis
35	两侧	Liǎng cè	Two flanks; two sides
36	地理环境	Dìlǐ huánjìng	Geographic environment
37	水文	Shuǐwén	Hydrology
38	生活习性	Shēnghuó xíxìng	Habits; Living habits; living habit
39	暖温带	Nuǎn wēndài	Temperate zone
40	亚热带	Yàrèdài	Subtropical zone; subtropics
41	两岸	Liǎng'àn	Banks of a river; both sides of a strait; the mainland of China and Taiwan Province
42	截然不同	Jiérán bùtóng	As like as an apple is to an

			oyster; as like as chalk and cheese; different as black and white; entirely different
43	生活方式	Shēnghuó fāngshì	Lifestyle; way (or mode) of life
44	生活习惯	Shēnghuó xíguàn	Habits and customs
45	显而易见	Xiǎn'ér yìjiàn	Obviously; apparently
46	不仅仅	Bùjǐn jǐn	More than; Not only; not just
47	以内	Yǐnèi	Within; within the limits of; including; less than
48	便利	Biànlì	Convenient; easy; for the convenience of; facilitate
49	一部分	Yībùfèn	A part; a portion
50	气候变化	Qìhòu biànhuà	Climate change; climatic change; climatic variation; climatic oscillation; climate variation
51	基准	Jīzhǔn	Datum; standard; criterion; reference

Chinese (中文)

淮河位于中国的东部，处在黄河和长江两条大河的中间。虽然淮河的作用没有另外这两条大河这么突出，但是它跟长江和黄河一样，都是中国的七大河流之一。

淮河的主干河流发源于湖北和河南省交界处的桐柏山太白山，流经安徽和江苏之后，从江苏的盐城地区注入东海。它的北部和西南部大多是丘陵地区和山区，东部地区则是地势平坦的长江中下游平原。河流从山区冲击而下，到了地势平缓的长江三角洲地区之后形成了洪积和冲积平原，适合农作物的生长。不仅如此，淮河流域里面还有非常多的小型湖泊和洼地，形成了东部地区四通八达的水网。这也造就了自古以来长江中下游平原的江南地区就是天下粮仓、生活富饶的代名词。

淮河对于中国的重要意义在于它的地理位置。在中国的地理学上，科学家们按照"秦岭-淮河"这一条线，来把中国分为南北两个部分。所以，淮河可以说是划分中国南北的分界线之一。这条线并不是随便来划的，而是科学家们经过长期的数据分析得出来的结论。在秦岭-淮河的两侧，中国的地理环境在气候、土壤、水文和人们的生活习性方面都有着比较大的区别。淮河以北属于暖温带，以南则属于亚热带。这种气候的不同，也给生活在淮河两岸的人们带来了截然不同的生活方式。不管是在生活习惯和农业种植方面，中国的南方和北方都有着显而易见的差异。

因此，淮河的意义不仅仅在于它给自己流域以内的地区带去多少便利，更多的还是在于它作为中国南北分界线的一部分，给科学家们研究中国的地理环境和气候变化，提供了一个重要的基准。

Pinyin (拼音)

Huáihé wèiyú zhōngguó de dōngbù, chù zài huánghé hé chángjiāng liǎng tiáo dàhé de zhōngjiān. Suīrán huáihé de zuòyòng méiyǒu lìngwài zhè liǎng tiáo dàhé zhème túchū, dànshì tā gēn chángjiāng hé huánghé yīyàng, dōu shì zhōngguó de qī dà héliú zhī yī.

Huáihé de zhǔgàn héliú fāyuán yú húběi hé hénán shěng jiāojiè chù de tóng bǎishān tài báishān, liú jīng ānhuī hé jiāngsū zhīhòu, cóng jiāngsū de yánchéng dìqū zhùrù dōnghǎi. Tā de běibù hé xīnán bù dàduō shì qiūlíng dìqū hé shānqū, dōngbù dìqū zé shì dìshì píngtǎn de chángjiāng zhòng xiàyóu píngyuán. Héliú cóng shānqū chōngjí ér xià, dàole dìshì pínghuǎn de chángjiāng sānjiǎozhōu dìqū zhīhòu xíngchéngle hóng jī hé chōngjī píngyuán, shìhé nóngzuòwù de shēngzhǎng. Bùjǐn rúcǐ, huáihé liúyù lǐmiàn hái yǒu fēicháng duō de xiǎoxíng húbó hé wādì, xíngchéngle dōngbù dìqū sìtōngbādá de shuǐ wǎng. Zhè yě zàojiùle zìgǔ yǐlái chángjiāng zhòng xiàyóu píngyuán de jiāngnán dìqū jiùshì tiānxià liángcāng, shēnghuó fùráo de dàimíngcí.

Huáihé duìyú zhōngguó de zhòngyào yìyì zàiyú tā dì dìlǐ wèizhì. Zài zhōngguó dì dìlǐ xué shàng, kēxuéjiāmen ànzhào "qínlǐng-huáihé" zhè yītiáo xiàn, lái bǎ zhōngguó fēn wèi nánběi liǎng gè bùfēn. Suǒyǐ, huáihé kěyǐ shuō shì huàfēn zhōngguó nánběi de fēn jièxiàn zhī yī. Zhè tiáo xiàn bìng bùshì suíbiàn lái huà de, ér shì kēxuéjiāmen jīngguò chángqī de shùjù fēnxī dé chūlái de jiélùn. Zài qínlǐng-huáihé de liǎng cè, zhōngguó dì dìlǐ huánjìng zài qìhòu, tǔrǎng, shuǐwén hé rénmen de shēnghuó xíxìng fāngmiàn dōu yǒuzhe bǐjiào dà de qūbié. Huáihé yǐ běi shǔyú nuǎn wēndài, yǐ nán zé shǔyú yàrèdài. Zhè zhǒng qìhòu de bùtóng, yě gěi shēnghuó zài huáihé liǎng'àn de rénmen dài láile jiérán bùtóng de shēnghuó fāngshì. Bùguǎn shì zài shēnghuó xíguàn hé nóngyè zhòngzhí fāngmiàn, zhōngguó de nánfāng hé běifāng dōu yǒuzhe xiǎn'éryìjiàn de chāyì.

Yīncǐ, huáihé de yìyì bùjǐn jǐn zàiyú tā jǐ zìjǐ liúyù yǐnèi dì dìqū dài qù duōshǎo biànlì, gèng duō de háishì zàiyú tā zuòwéi zhōngguó nánběi fēn jièxiàn de yībùfèn, gěi kēxuéjiāmen yánjiū zhōngguó dì dìlǐ huánjìng hé qìhòu biànhuà, tígōngle yīgè zhòngyào de jīzhǔn.

HEILONGJIANG RIVER (黑龙江)

1	黑龙江	Hēilóng jiāng	The Heilongjiang River
2	发源于	Fāyuán yú	Take its source at
3	蒙古	Ménggǔ	Mongolia
4	境内	Jìngnèi	Domestic; within a country's borders; resident; within the borders
5	上游	Shàngyóu	Upstream; upper reaches; advanced position
6	全长	Quán zhǎng	Overall length
7	内河	Nèihé	Inland river
8	海峡	Hǎixiá	Strait; gullet; channel
9	河水	Héshuǐ	River water
10	腐殖质	Fǔzhízhì	Humus
11	水色	Shuǐsè	Water; water color
12	发黑	Fā hēi	Turn black; grow black; become black; blacken
13	太祖	Tài zǔ	The first founder of a dynasty
14	路过	Lùguò	Pass by
15	蜿蜒	Wān yán	Wriggle; wriggly; wind; zigzag
16	巨龙	Jù lóng	Hadrosaurus
17	值得一提	Zhídé yī tí	Speak of; It is worth mentioning
18	沙俄	Shā'é	Tsarist Russia
19	不平等条约	Bù píngděng tiáoyuē	Unequal treaty; unjust treaty
20	瑷珲	Ài huī	Aihui, a county in Heilongjiang

			Province
21	夺走	Duó zǒu	Snatch away
22	分界线	Fēn jièxiàn	Line of demarcation
23	历史上	Lìshǐ shàng	Historically; in history
24	归属权	Guīshǔ quán	Right of attribution
25	一段时间	Yīduàn shíjiān	A period of time
26	在古代	Zài gǔdài	In ancient times; in the old days; in the ancient time
27	蕴含	Yùnhán	Contain; implication; inclusion
28	沙金	Shājīn	Alluvial gold; placer gold
29	在国内	Zài guónèi	At home; Domestic; go home
30	掀起	Xiānqǐ	Lift; raise
31	淘金热	Táojīn rè	Gold rush
32	极大地	Jí dàdì	Greatly; tremendously; immensely
33	经济发展	Jīngjì fāzhǎn	Economic development
34	捕鱼	Bǔ yú	Catch fish; fish; fishing
35	连通	Liántōng	Feed through; connection; connected
36	商贸	Shāngmào	Business and trade
37	水力资源	Shuǐlì zīyuán	Hydroelectric potential; hydroelectric resources; waterpower resources
38	较为	Jiàowéi	Comparatively; rather; a little
39	水电站	Shuǐdiàn zhàn	Hydroelectric station; hydropower station
40	水电	Shuǐdiàn	Hydroelectricity; hydropower; water and electricity
41	沿岸	Yán'àn	Coastal; offshore

42	水电资源	Shuǐdiàn zīyuán	Hydroelectric resource
43	何其	Héqí	How; what
44	除此之外	Chú cǐ zhī wài	Besides; in addition
45	河鱼	Héyú	Freshwater fish
46	海鱼	Hǎiyú	Sea fish
47	亮点	Liàng diǎn	Brightened dot; luminous point; bright points; exploring spot
48	边境	Biānjìng	Border; frontier
49	贸易	Màoyì	Trade
50	便利	Biànlì	Convenient; easy; for the convenience of; facilitate
51	沟通	Gōutōng	Link up; connect; communicate
52	交流	Jiāoliú	Exchange;; interchange
53	枢纽	Shūniǔ	Pivot; hub; axis; key position
54	远东	Yuǎndōng	The Far East
55	非常重要	Fēicháng zhòngyào	Extremely important; count for much; it makes all the difference that
56	对外开放口岸	Duìwài kāifàng kǒu'àn	Open port

Chinese (中文)

黑龙江发源于蒙古境内的额尔古纳河上游，全长 4440 公里左右。跟前面的几条河流不同的是，黑龙江并不是中国独有的内河。它流经蒙古、中国和俄罗斯，最后从俄罗斯境内进入鄂霍次克海峡。之所以叫黑龙江，是因为河水当中富含了大量的腐殖质，使得水色发黑。辽国的太祖曾经路过江边，看到河水颜色发黑，整条河流的走向蜿蜒如同一条巨龙，就给这条河流命名为"黑龙"。

值得一提的是在清代之前，黑龙江其实是中国的内河，但是在清朝中期，清政府和沙俄签订了不平等条约《瑷珲条约》，导致黑龙江的中上游地区被夺走，成为两国的分界线，下游就完全成为了俄罗斯的内河。在历史上，中俄两国就黑龙江的归属权曾经有过相当久一段时间的争议，直到今年来才通过签署边界协定，正式将黑龙江作为划分两国边界的河流。

在古代的时候，黑龙江曾经蕴含着大量的沙金资源，在国内掀起过一阵淘金热，极大地拉动了当地的经济发展。而对于近现代的中国来说，黑龙江的主要意义是提供发电、捕鱼和连通中俄两国商贸的作用。黑龙江的水力资源较为丰富，这使得当地也被国家规划为重点的水电站建设区。中俄两国境内最大的水电站都建立在黑龙江沿岸，可见这个地区的水电资源何其丰富了。除此之外，黑龙江也蕴含着丰富的渔类资源，很多渔民会在此捕捉河鱼乃至于海鱼，成为当地经济的一大亮点。而作为中俄两国的分界线，黑龙江也为两国边境的贸易提供着便利，成为中俄两国人们进行经济和文化沟通交流的重要枢纽，是远东地区非常重要的对外开放口岸。

Pinyin (拼音)

Hēilóngjiāng fāyuán yú ménggǔ jìngnèi de é ěr gǔ nà hé shàngyóu, quán zhǎng 4440 gōnglǐ zuǒyòu. Gēn qiánmiàn de jǐ tiáo héliú bùtóng de shì, hēilóngjiāng bìng bùshì zhōngguó dú yǒu de nèihé. Tā liú jīng ménggǔ, zhōngguó hé èluósī, zuìhòu cóng èluósī jìngnèi jìnrù è huò cì kè hǎixiá. Zhī suǒyǐ jiào hēilóngjiāng, shì yīnwèi héshuǐ dāngzhōng fù hánle dàliàng de fǔzhízhì, shǐdé shuǐsè fā hēi. Liáo guó de tài zǔ céngjīng lùguò jiāng biān, kàn dào héshuǐ yánsè fā hēi, zhěng tiáo héliú de zǒuxiàng wān yán rútóng yītiáo jù lóng, jiù gěi zhè tiáo héliú mìngmíng wèi "hēilóng".

Zhídé yī tí de shì zài qīng dài zhīqián, hēilóngjiāng qíshí shì zhōngguó de nèihé, dànshì zài qīngcháo zhōngqí, qīng zhèngfǔ hé shā'é qiān dìng liǎo bù píngděng tiáoyuē "ài huī tiáoyuē", dǎozhì hēilóngjiāng de zhōng shàngyóu dìqū bèi duó zǒu, chéngwéi liǎng guó de fēn jièxiàn, xiàyóu jiù wánquán chéngwéile èluósī de nèihé. Zài lìshǐ shàng, zhōng é liǎng guó jiù hēilóngjiāng de guīshǔ quán céngjīng yǒuguò xiāngdāng jiǔ yīduàn shíjiān de zhēngyì, zhídào jīnnián lái cái tōngguò qiānshǔ biānjiè xiédìng, zhèngshì jiāng hēilóngjiāng zuòwéi huàfēn liǎng guó biānjiè de héliú.

Zài gǔdài de shíhòu, hēilóngjiāng céngjīng yùnhánzhe dàliàng de shājīn zīyuán, zài guónèi xiānqǐguò yīzhèn táojīn rè, jí dàdì lā dòng liǎo dàng dì de jīngjì fāzhǎn. Ér duìyú jìn xiàndài de zhōngguó lái shuō, hēilóngjiāng de zhǔyào yìyì shì tígōng fādiàn, bǔ yú hé liántōng zhōng é liǎng guó shāngmào de zuòyòng. Hēilóngjiāng de shuǐlì zīyuán jiàowéi fēngfù, zhè shǐdé dàng de yě bèi guójiā guīhuà wéi zhòngdiǎn de shuǐdiànzhàn jiànshè qū. Zhōng é liǎng guó jìngnèi zuìdà de shuǐdiànzhàn dōu jiànlì zài hēilóngjiāng yán'àn, kějiàn zhège dìqū de shuǐdiàn zīyuán héqí fēngfùle. Chú cǐ zhī wài, hēilóngjiāng yě yùnhánzhe fēngfù de yú lèi zīyuán, hěnduō yúmín huì zài cǐ bǔzhuō héyú nǎizhì yú hǎiyú, chéngwéi dāngdì jīngjì de yī dà liàngdiǎn. Ér zuòwéi zhōng é liǎng guó de fēn jièxiàn, hēilóngjiāng yě wèi liǎng guó biānjìng de màoyì tígōngzhe biànlì, chéngwéi zhōng é liǎng guó rénmen jìnxíng jīngjì hé wénhuà gōutōng jiāoliú de zhòngyào shūniǔ, shì yuǎndōng dìqū fēicháng zhòngyào de duìwài kāifàng kǒu'àn.

CONCLUDING REMARKS (结语)

#	汉字	Pinyin	English
1	河流	Héliú	Rivers; stream
2	简单地	Jiǎndān de	Simply
3	一下	Yīxià	One time; once
4	境内	Jìngnèi	Domestic; within a country's borders; resident; within the borders
5	地理位置	Dìlǐ wèizhì	Geographical situation; geographic location
6	重要作用	Zhòngyào zuòyòng	Play an important role; significant role; in
7	可以说	Kěyǐ shuō	It is not too much to say; it is too much to say; so to speak
8	中华文明	Zhōnghuá wénmíng	Chinese civilization
9	延续	Yánxù	Continue; go on; last
10	密不可分	Mì bùkěfēn	Interlinked
11	自古以来	Zìgǔ yǐlái	From ancient times to the present; down the ages; from everlasting; from the old
12	经济发展	Jīngjì fāzhǎn	Economic development
13	如果没有	Rúguǒ méiyǒu	But for
14	这么多	Zhème duō	So many; so much; thus much
15	纵横交错	Zònghéng jiāocuò	Arranged in a crisscross pattern; intertwining
16	世界上	Shìjiè	On earth

		shàng	
17	数一数二	Shǔyī shǔ'èr	Count as one of the very best; among the best; top-notch
18	大国	Dàguó	Power; leading powers; great power
19	文明	Wénmíng	Civilization; culture; civilized
20	中华民族	Zhōnghuá mínzú	The Chinese people/nation/ethnic group
21	儿女	Érnǚ	Sons and daughters; children
22	探索	Tànsuǒ	Explore; probe; exploration; searching
23	提升	Tíshēng	Promote; advance; hoist; elevate
24	腾飞	Téngfēi	Rise rapidly; soar; take off
25	更加	Gèngjiā	To a higher degree; still further; still more

Chinese (中文)

通过对于几条河流的介绍，我们可以简单地了解一下中国境内的这些河流的地理位置和重要作用。可以说，中华文明的产生、延续和发展，跟这些河流的关系是密不可分的。这些河流给中国历史的发展提供了非常大的便利，也直接影响到了中国自古以来的经济发展方式。如果没有这么多纵横交错的河流，中国很难成为世界上数一数二的农业大国。而延续了几千年文明的中华民族的儿女们，也一直在探索着如何把这些河流的价值进一步地提升，继续在中国的发展腾飞起到更加重要的作用。

Pinyin (拼音)

Tōngguò duìyú jǐ tiáo héliú de jièshào, wǒmen kěyǐ jiǎndān de liǎo jiè yīxià zhōngguó jìngnèi de zhèxiē héliú dì dìlǐ wèizhì hé zhòngyào zuòyòng. Kěyǐ shuō, zhōnghuá wénmíng de chǎnshēng, yánxù hé fāzhǎn, gēn zhèxiē héliú de guānxì shì mì bùkěfēn de. Zhèxiē héliú gěi zhōngguó lìshǐ de fǎ zhǎn tígōngle fēicháng dà de biànlì, yě zhíjiē yǐngxiǎng dàole zhōngguó zìgǔ yǐlái de jīngjì fāzhǎn fāngshì. Rúguǒ méiyǒu zhème duō zònghéng jiāocuò de héliú, zhōngguó hěn nán chéngwéi shìjiè shàng shǔyīshǔ'èr de nóngyè dàguó. Ér yánxùle jǐ qiān nián wénmíng de zhōnghuá mínzú de érnǚmen, yě yīzhí zài tànsuǒzhe rúhé bǎ zhèxiē héliú de jiàzhí jìnyībù de tíshēng, jìxù zài zhōngguó de fǎ zhǎn téngfēi qǐ dào gèngjiā zhòngyào de zuòyòng.

www.ingramcontent.com/pod-product-compliance
Lightning Source LLC
LaVergne TN
LVHW061958070526
838199LV00060B/4186